D0584270

Peldaños

ANIMALES INTELIGENTES

GÉNERO **Artículo científico**

Lee para descubrir por qué se puede considerar "inteligentes" a algunos animales.

¿En qué piensan?

por Judy Elgin Jensen

El legendario Esopo escribió una fábula sobre un cuervo sediento que encontró una jarra de agua. Pero la jarra tenía un cuello angosto y el cuervo no podía meter la cabeza para beber. ¿Qué podía hacer? Recogió piedritas y las tiró en el agua. Como las piedras ocupaban espacio en la jarra, el nivel del agua subió. Finalmente, el agua se elevó lo suficiente para que el cuervo pudiera beberla. ¿La moraleja del cuento? *La necesidad es la madre del ingenio.*

¡Los investigadores han descubierto que la inteligencia de los cuervos no es una fábula! Los cuervos, los grajos y algunos de sus parientes tienen "ingenio" o "astucia". Los investigadores pusieron un vaso con agua cerca de algunos grajos. El vaso contenía una lombriz que flotaba muy abajo como para que la alcanzaran. Los investigadores también les proporcionaron algunas piedras. Parecía que los grajos analizaban el problema antes de resolverlo. Estudiaban el recipiente. ¡Luego agregaron varias piedras sin comprobar si podían alcanzar la lombriz! Una vez que la lombriz estaba al alcance, la agarraron y abandonaron el área de prueba. ¿En qué pensaban los grajos? ¡En cenar!

El cuervo y la jarra, Grajo

INGENIO: Resuelve problemas, usa herramientas.

Cuervo de Nueva Caledonia

INGENIO: Fabrica y usa herramientas para
hallar alimento.

Un cuervo de Nueva Caledonia usa una ramita para enganchar su comida.

¿Has oído la expresión "cabeza de chorlito" que se usa cuando alguien ha hecho algo no muy ingenioso? Esa persona probablemente no es tonta. Tampoco lo son los cuervos de Nueva Caledonia. El cerebro de los cuervos de Nueva Caledonia y sus parientes es grande en comparación con el tamaño general de su cuerpo. Los seres humanos tienen este **rasgo** o característica, al igual que los delfines y los chimpancés. Este rasgo suele significar que el animal es "ingenioso".

Los cuervos de Nueva Caledonia parecen extremadamente ingeniosos, incluso para ser cuervos. Estos fabricantes de herramientas hacen ganchos con ramitas y lanzas con hojas dentadas. Con estas herramientas cazan sus alimentos favoritos: gusanos y babosas. Sus crías suelen observarlos.

A diferencia de la mayoría de las aves, los cuervos de Nueva Caledonia jóvenes permanecen con sus progenitores durante dos años o más. La familia encuentra alimentos junta y los familiares se comunican entre sí. El "waak, waak, waak" de una familia suele ser un poco diferente del "waak" de otra familia cercana. Los jóvenes **heredan** de sus progenitores la capacidad de hacer herramientas, pero no son muy diestros al principio. Durante ese momento, los padres los ayudan a pulir sus destrezas. Los jóvenes comienzan rasgando hojas y las enredan con ramitas. Al principio, los progenitores desentierran una babosa o atraviesan un insecto para que coman sus crías. Con el tiempo, los jóvenes aprenden cómo hacer la herramienta correcta para el trabajo.

Koko la gorila

INGENIO: Usa el lenguaje de señas estadounidense, inventa palabras nuevas, pinta.

Koko, una gorila de llanura, pinta un cuadro.

¿Le has inventado el nombre a algo cuando no sabías la palabra correcta? Koko la gorila también puede hacer eso. Koko puede comprender más de 2,000 palabras (más que la mayoría de los niños de tres años). Aún así, a veces necesita inventar una palabra nueva a partir de las palabras que ya sabe. Cuando se le mostró una máscara, la llamó: "sombrero de ojo". Cuando se le mostró un anillo, dijo: "brazalete de dedo". ¿Tiene sentido?

Las ideas de Koko, una gorila de llanura, tienen mucho sentido. Sus cuerdas vocales no pueden producir una voz parecida a la del ser humano, pero Koko usa los brazos, las manos y los dedos para comunicarse por medio del lenguaje de señas estadounidense. Koko puede usar más de 1,000 señas. También usa tarjetas didácticas en conversaciones.

La Dra. Penny Patterson comenzó un estudio de cuatro años sobre la comunicación entre diferentes especies. Luego se convirtió en el trabajo de su vida. Le enseña a Koko y ayuda a interpretar las señas que Koko ha aprendido y las que ha inventado. En ella ha visto tanto lenguaje como emociones. El uso que Koko hace del lenguaje muestra humor, tristeza, argumentación y juicio moral. Koko pinta y llora durante las partes tristes de las películas. Extraña a sus cuidadores cuando no están.

Koko quiere ser madre. La cría heredará muchos de los rasgos de su madre, como todas las crías. Tendrá pelaje oscuro y orejas pequeñas. ¿Koko le enseñará a su cría a utilizar el lenguaje de señas? Eso cree el Dr. Patterson. Después de todo, ¿no te gustaría poder "platicar" con tu descendencia?

Alex el loro

INGENIO: Cuenta; sabe los colores, las
formas y los tamaños.

Alex, un loro gris africano, podía clasificar bloques de colores.

Puede que Alex haya sido de color gris, pero era brillante en cuanto al ingenio. Es tan famoso por su inteligencia, que hay una fundación de investigación que lleva su nombre. Alex murió a los 31 años de edad, lo que es joven para ser un loro, pero su legado perdura.

¿Qué hacía Alex que fuera tan ingenioso? Por un lado, Alex hacía coincidir más de 100 objetos, acciones y colores con su nombre. Por otro lado, era bueno para las matemáticas. Alex podía contar objetos en conjuntos de seis. Estaba trabajando para contar conjuntos de siete y ocho. Podía sumar conjuntos de objetos con un total de seis o menos. Incluso comprendió qué era el "cero". Alex podía conectar un número escrito, su número hablado y un conjunto de objetos del mismo número. También estaba aprendiendo a leer los sonidos de las letras y comenzando a comprender cómo formar palabras con ellos.

¿Cómo hacía Alex esto? A través del trabajo y el interés de su adiestradora, la Dra. Irene Pepperberg. Los loros grises africanos han heredado rasgos que los ayudan a imitar muchos sonidos. Estos rasgos incluyen el tamaño de su lengua y una estructura toráxica similar a nuestra **laringe** o caja de voz. Los loros silvestres imitan a otras especies de aves, aunque los investigadores no saben cómo eso los ayuda. ¡En cautiverio, eso puede llevar a desarrollar un amplio vocabulario!

Elefante

INGENIO: Se reconoce a sí mismo, se comunica y coopera
con otros elefantes.

Un elefante parece reconocer su propio reflejo. Pocos animales tienen esa capacidad.

Como otros animales ingeniosos, los elefantes tienen un cerebro relativamente grande en comparación con el tamaño de su cuerpo. ¡Y parece que lo usan! Los elefantes africanos salvajes se comunican para mantener unida a la manada. Sus ondas sonoras de baja frecuencia pueden recorrer un par de kilómetros (más de una milla). Usan llamados, señales químicas como los aromas y claves visuales para hablar entre sí sobre su medio ambiente.

Los investigadores creen que los elefantes en cautiverio se reconocen a sí mismos en espejos. Usando un espejo, uno se tocó con la trompa una X que tenía marcada en la mejilla pero ignoró una X invisible marcada en la otra mejilla. Los investigadores también aprenden que los elefantes son cooperativos. Una prueba requería que dos elefantes cooperaran para mover un columpio que tenía alimentos. Un elefante no comenzaba la prueba si el otro elefante no podía llegar a la cuerda de tracción. Se sabe que los elefantes trabajan en conjunto para ayudar a un elefante caído a levantarse o para rescatar un elefante atrapado en el borde lodoso de un abrevadero.

El "ingenio" en los animales es el resultado de comportamientos heredados y aprendidos. Para aprender un comportamiento, los animales deben desarrollar comportamientos heredados. Vivir en grupos sociales parece que también influye en la inteligencia.

¡Parece que los cuervos le prestan atención a Esopo y aprovechan su ingenio! Pero no son los únicos.

Compruébalo ¿Qué conexión se puede establecer entre el tamaño del cerebro y la inteligencia?

Lee para descubrir sobre cómo los animales han ayudado a las personas en algunas situaciones peligrosas.

DELFINES SALVAN A SURFISTA
Página 14

Anímales

por Judy Elgin Jensen

Gorila salva a un niño

Binti Jua sostiene a su hija Koola. Binti Jua tenía ocho años cuando rescató a un niño que había caído en el recinto de un zoológico.

Criaturas marinas, animales africanos, aves de todas formas y tamaños y mariposas abundan en el zoológico de Brookfield, cerca de Chicago. En 1996, un visitante de tres años quería mirar a los gorilas desde más cerca. Cuando no lo observaban, trepó la barandilla que rodeaba el recinto y cayó aproximadamente 6 metros (unos 20 pies). Permaneció inmóvil en el piso de cemento. Lo que sucedió luego sorprendió a todos.

Una gorila de llanura llamada Binti Jua vino al rescate. Pero Binti Jua no es cualquier gorila de llanura. ¡Es la sobrina de Koko! Los espectadores estaban seguros de que Binti Jua mutilaría al niño. En vez de eso, lo levantó, lo acunó y lo llevó donde esperaban unos paramédicos. Todo el tiempo llevó a su propia cría

en la espalda. Si conoces a Koko, probablemente esto no te sorprenda. Los parientes cercanos pueden **heredar rasgos** similares que influyen en el comportamiento.

Los cuidadores del parque zoológico creen que dos factores contribuyeron a las acciones de Binti Jua. Como la criaron seres humanos, tenía una

Los teléfonos celulares con cámara no existían en 1996. Un visitante del zoológico que tenía una cámara de vídeo registró el rescate. En ese momento, Binti Jua se convirtió en una heroína nacional. ¡En la actualidad, los vídeos del rescate habrían dado la vuelta al mundo!

"inclinación hacia las personas". Además, el niño estaba inconsciente. Si hubiera estado sacudiéndose y llorando, podría haber parecido una amenaza. Con atención médica inmediata, el niño se recuperó por completo.

¡Los delfines sí que saben!

Era un día más en una playa de Monterey, California, para el surfista Todd Endris. Yacía boca abajo sobre su tabla y esperaba la ola "perfecta". Entonces, de la nada, ¡salió un tiburón ENORME!

El primer ataque del tiburón no fue certero, pero la segunda mordida dio en el diafragma de Endris. Los dientes superiores le mordieron la espalda y los dientes inferiores dieron en la tabla de surf que tenía bajo el abdomen. La tabla de surf evitó que los dientes del tiburón penetraran su vientre. El tiburón se deslizó y le desgarró la espalda. En un tercer ataque, los dientes del tiburón atraparon la pierna derecha de Endris, que le pateó el hocico al tiburón con su pierna izquierda hasta que lo soltó.

La boca del gran tiburón blanco tiene alrededor de 300 dientes, organizados en varias hileras.

Los delfines forman grupos que ayudan a alimentar y a criar a su descendencia.

Con Endris sangrando gravemente, el tiburón estaba seguro de atacar de nuevo. ¡Pero una manada de delfines vino al rescate! Rodearon a Endris hasta que se pudo estabilizar sobre su tabla de surf y remar hacia donde aguardaban los salvavidas.

Ha habido otros casos de delfines que protegen a los seres humanos de los tiburones. Cerca de la costa de Nueva Zelanda, cuatro salvavidas vieron una manada de delfines que se dirigía hacia ellos. Los delfines lograron reunir a los salvavidas al girar en círculo rápidamente. Estaban suficientemente cerca como para tocarse. Entonces un salvavidas vio un gran tiburón blanco a solo 2 metros (unos 6 pies) debajo de ellos. Unos años antes, en el Mar Rojo, los delfines también habían protegido a los seres humanos de los tiburones al rodearlos.

Perro detecta enfermedad

El nivel de azúcar en la sangre de Paul Jackson con frecuencia baja mucho. Él se percató de que a veces su border collie, Tinker, ladraba, le lamía la cara y lloraba. En un período de 30 minutos, Jackson tendría un ataque de baja azúcar en sangre. Jackson sumó dos más dos. ¡El comportamiento de Tinker era una alerta!

Jackson tiene **diabetes**, una enfermedad en la que el cuerpo no descompone el azúcar apropiadamente. Algunos toman un medicamento llamado **insulina** como ayuda para mantener la diabetes bajo control. Pero si su nivel de azúcar en la sangre baja demasiado, pueden sufrir de confusión y perder la consciencia. También deben oler diferente. Así es como Tinker pudo detectar problemas en la salud de su dueño.

Muchos perros tienen excelente olfato. Generalmente su sentido del olfato los guía a los alimentos, a un juguete favorito o a una oveja extraviada. Para unos cuantos dueños de perros afortunados, una nariz aguda es un sistema de alerta.

Tinker detectó cambios resultantes del tipo de diabetes específica de Jackson. Tinker más tarde se volvió un perro de alerta calificado y se ganó una chaqueta roja.

Ningún ser humano le enseñó a Tinker que el cambio de aroma de Jackson podía ser una señal de peligro. Ningún ser humano les enseñó a los delfines o a Binti Jua a cuidar a los seres humanos. ¿Por qué protegerían los animales a los seres humanos? Que la hayan criado personas puede explicar el comportamiento de Binti Jua. Pero es mucho más difícil explicar las acciones de los delfines. Quizá naturalmente protejan a otros delfines en peligro. Pero no está claro por qué los delfines ayudan a un ser humano en peligro.

¿Y Tinker? Bueno, Tinker es el "mejor amigo del hombre". ¡¿Qué esperabas?!

DIABETIC
HYPO-ALE

Compruébalo   Describe los comportamientos poco comunes de la gorila, los delfines y el perro. Explica cómo ayudaron a cada persona.

Lee para descubrir cómo pueden adiestrarse algunos animales para que ayuden a las personas.

ADIESTRADOS PARA AYUDAR

por Judy Elgin Jensen

Durante el adiestramiento, se alienta a un mono capuchino a que use comportamientos naturales, como abrir una nuez. Una nuez también es un bocadillo sabroso.

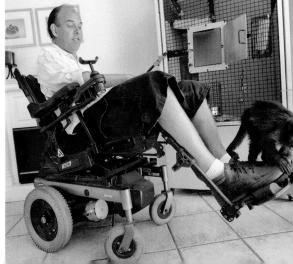

Los monos capuchinos son nativos de Centro y Sudamérica. Se los puede ver agitando los árboles, parloteando y buscando nueces.

Pero, ¿monos en la casa? Por supuesto, siempre que estén adiestrados adecuadamente. Los **rasgos** como el tamaño pequeño, la curiosidad natural y la inteligencia los hace perfectas "manos solidarias" para los que tienen problemas con sus propias manos. Los deditos de los monos agarran objetos pequeños. Se puede adiestrar a los monos para que accionen interruptores de luces, recojan teléfonos que se caen, carguen un DVD o traigan un frasco de mantequilla de maní.

El adiestramiento comienza nada más que con unos cuantos juguetes. Los adiestradores iluminan un objeto con un láser para que el mono se fije en él. Cuando el mono responde, los adiestradores lo premian con elogios y alimentos. El mono sabe que hizo lo correcto. Órdenes simples también ayudan a guiar al mono. Gradualmente, se van agregando más y más objetos al medio ambiente del mono, que termina pareciendo un pequeño departamento.

El mono capuchino adiestrado se lleva bien con las personas. Después de un tiempo, ¡los monos incluso pueden predecir qué necesita su compañero humano! Los capuchinos viven de 30 a 35 años, por lo tanto, pueden ayudar a sus dueños por mucho tiempo. Pero los monos no son los únicos animales ingeniosos a los que se adiestra. Aprendamos sobre algunos otros.

Los monos con manos solidarias pueden usar un trapo para rascar una picazón. También pueden mover un apoyapiés, accionar un interruptor o dar vuelta una página para sus compañeros humanos.

CABALLOS GUÍA

Sí... ¡caballos! Probablemente has visto los perros guía que ayudan a las personas con discapacidad visual. Los caballos enanos pueden hacer exactamente lo mismo e ir a los mismos lugares. Los caballos guía han **heredado** rasgos que hacen que sean naturalmente tranquilos y tengan el mismo tamaño que un perro guía. Ningún caballo grande puede postular.

¿Por qué alguien elegiría un caballo guía? Una razón importante es su expectativa de vida. Los caballos viven hasta 40 años. Si conseguiste un caballo guía a los 16 años, podrías tener más de 50 antes de que muera. En ese período, necesitarías tres perros guía. Los caballos pueden comenzar el adiestramiento de guía a los 6 meses. Deben cumplir cientos de horas de adiestramiento antes de estar listos.

Los caballos enanos se pueden adiestrar para que se queden callados en lugares ruidosos. Con ojos a ambos lados de la cabeza, los caballos pueden ver casi todo lo que los rodea en un círculo completo. Un ojo puede mirar en un sentido mientras que el otro puede ver el peligro en una dirección diferente.

Los caballos guía ofrecen otra opción a las personas que necesitan ayuda debido a problemas de la vista.

Parece que los caballos también tienen buena memoria. Pueden recorrer grandes distancias y no entusiasmarse cuando los acarician.

Los caballos guía pueden vivir dentro de casa, pero prefieren vivir al aire libre. No les importa el frío y andan bien dentro de establos pequeños. Un área cercada que tenga pasto es un buen medio ambiente. Las personas que conocen su propia casa muy bien pero necesitan ayuda una vez que están afuera podrían encontrar el compañero perfecto en un caballo guía.

Un caballo guía puede ayudar con tareas diarias como tomar las llaves.

Cuando no está en servicio, un caballo guía hace ejercicio al aire libre.

Un caballo adiestrado no se distrae en los lugares públicos.

Un caballo guía ubica la puerta de salida de un edificio escolar.

PERROS
DE RESCATE

En 2010, un terremoto devastador azotó a Haití. En horas, un border collie llamado Hunter y su adiestrador llegaron al lugar. Se unieron a equipos de personas y perros de rescate de todo el mundo. Hunter cruzó de un lado al otro sobre los escombros, olfateando en busca de sobrevivientes. "¡Aquí!" ladró. Tres niñas estaban debajo del hormigón roto. Sin la nariz sumamente adiestrada de Hunter, habrían muerto.

Los equipos de búsqueda en desastres, como Hunter y su adiestrador, buscan sobrevivientes en tormentas, derrumbes de lodo, explosiones y naufragios. Los perros de búsqueda se mueven fácilmente sobre superficies inestables y se arrastran a través de espacios diminutos. Responden a las órdenes habladas y a las señales de manos. El trabajo requiere más que una nariz aguda. Los perros necesitan fuerza, velocidad y mucha energía.

Una víctima de un terremoto puede sobrevivir unos cuantos días, lo que les da tiempo a los equipos para buscar. Un esquiador enterrado en una **avalancha** necesita ayuda en minutos.

Se requiere un buen adiestramiento y súper capacidades natatorias para un rescate acuático satisfactorio.

Los perros de rescate en avalanchas se mueven rápido. Pueden revisar un área del tamaño de una cancha de fútbol americano y encontrar a una persona atrapada bajo 3 metros (aproximadamente 10 pies) de nieve en menos de 30 minutos.

Saltar de un barco puede ser la idea de diversión que tiene un perro de rescate acuático. La afición natural que tienen los perros por el agua los ayuda en este trabajo. Los perros Terranova son buenos perros de rescate acuático. Sus patas palmeadas y sus músculos fuertes los ayudan a nadar. Un pelaje grueso los mantiene calientes en aguas frías. Pueden halar a una persona hacia la costa, remolcar un barco pequeño o mantener a una víctima a flote mientras que un ser humano revive a la víctima.

Un pastor alemán trabaja rápido. No hay tiempo que perder cuando se busca a sobrevivientes de avalanchas.

Un perro de rescate busca a personas atrapadas bajo los escombros.

Un perro del servicio de bomberos y su adiestrador practican técnicas de rescate.

Los perros que ayudan a la policía deben aprender a seguir instrucciones con confianza.

23

BRIGADA
DE BEAGLES

Acabas de volar de vuelta a casa desde otro país. Esperas el equipaje y ves un perrito que corre entre las maletas. De repente, se detiene y se sienta en silencio junto a una maleta. Un agente uniformado se acerca y registra la maleta. ¿Cuál es el problema?

Muchas personas accidentalmente traen productos vegetales y animales al país. Los productos pueden albergar semillas, enfermedades o plagas que pueden causar problemas. ¡A veces las personas intentan ingresar ilegalmente estas cosas!

Los beagles son naturalmente buenos para olfatear y seguir presas. Durante dos años de adiestramiento, aprenden a distinguir los olores de las carnes,

las frutas y otros productos. Los perros con experiencia pueden olfatear productos ilegales el 90 por ciento de las veces. ¡Su olfateo mantiene 75,000 objetos ilegales fuera del país cada año!

Ciertos rasgos ayudan a los animales a hacer bien su trabajo. El adiestramiento desarrolla los comportamientos heredados para desarrollar las destrezas correctas para un trabajo. Para algunos, como los beagles, el trabajo parece un juego divertido para obtener bocadillos. Otros, como los perros de rescate, trabajan por los elogios de sus compañeros humanos.

Más de 220 millones de receptores olfativos recubren las fosas nasales de un beagle. Un ser humano tiene unos insignificantes 5 millones de receptores.

Compruébalo ¿Cómo ayudan los rasgos heredados a determinar el trabajo para el que se puede adiestrar a un animal?

Lee para descubrir algunas razones por las que las personas deben tratar a los animales con responsabilidad.

TRATAR A LOS ANIMALES CON RESPONSABILIDAD

por Joe Baron

Algunos animales hacen cosas asombrosas, como un gorila que usa el lenguaje de señas estadounidense para expresar sus emociones. Para las personas que estudian, adiestran o disfrutan de estar con animales, es importante tratarlos de manera ética o con gran cuidado. La ética son las ideas personales sobre lo correcto y lo incorrecto que guía cómo tratamos a los demás. Pero todos, no solo los amantes de los animales, debemos tratar bien a los animales. Continúa leyendo para que veas las razones por las que se debe tratar a los animales con responsabilidad.

Zoológicos

Tratar a los animales con responsabilidad ayuda a mantenerlos sanos. Los recintos del Zoológico Taronga en Sídney, Australia, están diseñados para el bienestar de los animales. En el zoológico, un oso Kodiak escarba en una piñata llena con sus alimentos preferidos. Un gorila occidental de llanura escarba en busca de comida y encuentra un recipiente con palomitas de maíz. Los elefantes se revuelcan en el lodo, como lo hacen en la naturaleza. El lodo los enfría y protege su piel del sol y los insectos.

Hace muchos años, la mayoría de los zoológicos eran muy diferentes de lo que son en la actualidad. Los animales estaban en jaulas. Les daban alimento, agua y pocas cosas más. En la actualidad, muchos zoológicos brindan hábitats interesantes y naturales a los animales. Permiten que los animales experimenten comportamientos naturales. Los animales cavan en el suelo, escarban en busca de comida, olfatean plantas aromáticas, trepan, juegan a cazar, resuelven problemas y socializan.

Los lugares como el Zoológico Taronga no son buenos solo para los animales. También son buenos lugares para que las personas observen y aprendan sobre ellos.

En el Zoológico Taronga, un elefante asiático macho juega con una pelota bungee mientras que un elefante hembra se da un baño de tierra.

Refugio de vida silvestre

Tratar a los animales con responsabilidad ayuda a preservar los ecosistemas. Los Gobiernos y los grupos privados de todo el mundo reservan tierra y agua para los animales salvajes. La palabra refugio significa "lugar resguardado del peligro". Los **refugios** silvestres brindan espacio para que los animales vivan sin que los cacen.

El Refugio Nacional del Alce en Wyoming fue uno de los primeros refugios grandes en los Estados Unidos. A comienzos del siglo XX, los granjeros comenzaron a vivir en la misma tierra que usaba el alce en invierno. Con menos espacio en los inviernos rigurosos, miles de alces murieron de hambre. Por lo tanto, se trabajó con el Gobierno para reservar aproximadamente 700 hectáreas (1,760 acres). En la actualidad, el Refugio Nacional del Alce tiene aproximadamente 9,700 hectáreas (unos 24,700 acres) y sustenta entre 5,000 y 8,000 alces en el invierno. Los bisontes, los lobos, las ovejas, los carneros de las montañas Rocosas y las aves migratorias también usan el refugio. ¡Y todo esto está junto a una ciudad! De hecho, el refugio es bueno para la ciudad porque atrae visitantes. También brinda belleza natural que la comunidad valora.

El Refugio Nacional del Alce se estableció cerca de Jackson Hole, Wyoming, en 1912.

El Área de Conservación Ngorongoro en la República Unida de Tanzania se estableció en 1959.

El Área de Conservación Ngorongoro está en África Central. Cubre vastas llanuras, sabanas y bosques, y protege muchos tipos de animales. También les permite a los pobladores locales, los maasai, criar su ganado herbívoro. Más de un millón de ñus migran a través de esta área en busca de alimento y agua. Lo mismo hacen las cebras y las gacelas, y sus depredadores, los leones y las hienas. Vienen personas de todo el mundo a ver la vida silvestre, y gastan dinero que ayuda a la economía local.

Salvar a los rinocerontes

Tratar a los animales con responsabilidad ayuda a evitar que se extingan. Cortarle el cuerno a un rinoceronte puede matarlo o salvarle la vida. Depende de quién lo corte. Los **cazadores furtivos,** o ilegales, matan a los rinocerontes por sus cuernos. No les importa si los rinocerontes viven o mueren. Los cuernos se han usado para fabricar copas, botones y otros objetos. Algunos creen que con los cuernos se pueden hacer medicamentos potentes, pero los científicos no lo han comprobado. Mucha gente pagaría MUCHO dinero por un cuerno que pesa aproximadamente 3.5 kilogramos (8 libras). La ley sudafricana permite a los cazadores que saquen los cuernos del país de manera legal. Pero el cuerno debe ser un "trofeo", lo que significa que el animal debe estar muerto. Muchos cuernos también se sacan ilegalmente.

Es una historia diferente si una persona ética corta el cuerno sin dañar al rinoceronte antes de que un cazador furtivo pueda encontrar al animal. Una inyección derriba al rinoceronte en lugar de matarlo. Se usa una

sierra poderosa para cortar el cuerno apenas por encima de su base. Los rinocerontes usan su cuerno principalmente para asustar o impresionar a otros rinocerontes. Entonces, ¿un rinoceronte sin cuerno está en riesgo? La mayoría de las personas creen que no. Dicen que el tamaño, la fuerza y la velocidad del rinoceronte lo protegerá aunque no tenga el cuerno.

Un "criador" de rinocerontes dice que cortarle el cuerno a un rinoceronte es lo mismo que esquilarle la lana a una oveja. El cuerno del rinoceronte crecerá de nuevo en dos años, aproximadamente. Cree que es algo bueno porque puede evitar que los cazadores furtivos maten a los rinocerontes.

Hay una razón más para tratar a los animales con responsabilidad. Es simple, pero profunda. Debemos tratar bien a los animales porque muchos animales son criaturas pensantes y sensibles. Así que, piénsalo. ¿Cómo te puedes asegurar de que se trata bien a los animales?

A un rinoceronte le toma de 20 a 30 minutos despertarse después de que le cortan el cuerno. El procedimiento no causa dolor.

Compruébalo Compara y contrasta las maneras en las que diferentes grupos tratan a los animales con responsabilidad.

Comenta

1. ¿Qué crees que conecta las cuatro lecturas del libro? ¿Qué te hace pensar eso?

2. Piensa y describe tres maneras en las que los animales muestran que son "ingeniosos".

3. Compara "Animales al rescate" y "Adiestrados para ayudar". ¿En qué se parecen y se diferencian las acciones de los animales en estas dos lecturas?

4. ¿Cuáles son algunos rasgos heredados que hacen que los caballos enanos sean aptos para adiestrarlos como caballos guía?

5. En "Tratar a los animales con responsabilidad", ¿cuáles son algunas razones por las que debemos preocuparnos por el bienestar de los animales?

6. ¿Qué te sigues preguntando sobre los animales inteligentes y el trato responsable que debe dárseles? ¿Cómo puedes saber más?